百角文库

成语中的历史

孙全民 编著

中国少年儿童新闻出版总社
中国少年儿童出版社
北京

图书在版编目（CIP）数据

成语中的历史 / 孙全民编著 . -- 北京：中国少年儿童出版社，2024.1
（百角文库）
ISBN 978-7-5148-8436-4

Ⅰ . ①成… Ⅱ . ①孙… Ⅲ . ①汉语 – 成语 – 青少年读物 Ⅳ . ① H136.31-49

中国国家版本馆 CIP 数据核字（2023）第 254420 号

CHENGYU ZHONG DE LISHI
（百角文库）

出版发行：中国少年儿童新闻出版总社
中国少年儿童出版社

执行出版人：马兴民

插　　图：苏　凝	责任校对：杨　雪
责任编辑：赵　勇	责任印务：厉　静
美术编辑：曹　凝	

社　　址：北京市朝阳区建国门外大街丙 12 号	邮政编码：100022
编 辑 部：010-57526306	总 编 室：010-57526070
发 行 部：010-57526568	官方网址：www.ccppg.cn

印刷：河北宝昌佳彩印刷有限公司

开本：787mm × 1130mm　1/32	印张：3
版次：2024 年 1 月第 1 版	印次：2024 年 1 月第 1 次印刷
字数：30 千字	印数：1—5000 册
ISBN 978-7-5148-8436-4	定价：12.00 元

图书出版质量投诉电话：010-57526069　　　电子邮箱：cbzlts@ccppg.com.cn

序

提供高品质的读物，服务中国少年儿童健康成长，始终是中国少年儿童出版社牢牢坚守的初心使命。当前，少年儿童的阅读环境和条件发生了重大变化。新中国成立以来，很长一个时期所存在的少年儿童"没书看""有钱买不到书"的矛盾已经彻底解决，作为出版的重要细分领域，少儿出版的种类、数量、质量得到了极大提升，每年以万计数的出版物令人目不暇接。中少人一直在思考，如何帮助少年儿童解决有限课外阅读时间里的选择烦恼？能否打造出一套对少年儿童健康成长具有基础性价值的书系？基于此，"百角文库"应运而生。

多角度，是"百角文库"的基本定位。习近平总书记在北京育英学校考察时指出，教育的根本任务是立德树人，培养德智体美劳全面发展的社会主义建设者和接班人，并强调，学生的理想信念、道德品质、知识智力、身体和心理素质等各方面的培养缺一不可。这套丛书从100种起步，涵盖文学、科普、历史、人文等内容，涉及少年儿童健康成长的全部关键领域。面向未来，这个书系还是开放的，将根据读者需求不断丰富完善内容结构。在文本的选择上，我们充分挖掘社内"沉睡的""高品质的""经过读者检验的"出版资源，保证权威性、准确性，力争高水平的出版呈现。

通识读本，是"百角文库"的主打方向。相对前沿领域，一些应知应会知识，以及建立在这个基础上的基本素养，在少年儿童成长的过程中仍然具有不可或缺的价值。这套丛书根据少年儿童的阅读习惯、认知特点、接受方式等，通俗化地讲述相关知识，不以培养"小专家""小行家"为出版追求，而是把激发少年儿童的兴趣、养成正确的思考方法作为重要目标。《畅游数学花园》《有趣的动物语言》《好大的地球》《看得懂的宇宙》……从这些图书的名字中，我们可以直接感受到这套丛书的表达主旨。我想，无论是做人、做事、做学问，这套书都会为少年儿童的成长打下坚实的底色。

中少人还有一个梦——让中国大地上每个少年儿童都能读得上、读得起优质的图书。所以，在当前激烈的市场环境下，我们依然坚持低价位。

衷心祝愿"百角文库"得到少年儿童的喜爱，成为案头必备书，也热切期盼将来会有越来越多的人说"我是读着'百角文库'长大的"。

是为序。

马兴民

2023 年 12 月

目　录

1	姜太公钓鱼，愿者上钩	36	成语闯关小游戏
4	大义灭亲	37	毛遂自荐
8	唇亡齿寒	41	图穷匕见
11	老马识途	44	指鹿为马
14	退避三舍	47	破釜沉舟
17	卧薪尝胆	49	一败涂地
20	围魏救赵	52	约法三章
23	狡兔三窟	55	项庄舞剑，意在沛公
27	完璧归赵	58	胯下之辱
31	负荆请罪	61	背水一战
34	远交近攻	64	四面楚歌

67　成语闯关小游戏

68　成也萧何，败也萧何

71　不寒而栗

74　夜郎自大

76　励精图治

78　不入虎穴，焉得虎子

81　三顾茅庐

84　万事俱备，只欠东风

87　草木皆兵

90　黄袍加身

姜太公钓鱼，愿者上钩

出自 佚名《武王伐纣平话》

直钩钓渭水之鱼，不用香饵之食，离水面三尺，尚自言曰："负命者上钩来。"

成语故事

商朝末年，纣（zhòu）王残暴不仁，人民生活非常艰难。有一位叫姜子牙的贤人，就躲到渭水河边，过起了隐居的日子。渭河一带是诸侯姬（jī）昌的辖地，姬昌胸怀大志，很爱惜人才。姜子牙希望姬昌能重用他，好做一番大事业。

为了吸引姬昌的注意，姜子牙天天坐在河边钓鱼。

钓鱼的时候，钓竿上的鱼钩是直的，也没有鱼饵，离水面有三尺高。他还时不时地念叨两声："鱼儿呀，你快点儿上钩吧！"

他的奇怪做法很快引起了当地人的注意。有人好意地告诉他，这样是钓不到鱼的。姜子牙只是笑着说："鱼儿自己会上钩的。"人们嘲笑他的愚蠢和固执，他的名声也就传扬出去了。

不久后，姬昌也听说这个人了。他可不认为这个姜子牙是蠢人，反而认为他可能是个很有才能的人，就派士兵去请。

姜子牙看到来的只是个士兵，根本不理睬，继续钓他的鱼，嘴里念叨的声音更大了："钓、钓、钓，鱼儿不上钩，虾米来捣乱！"

士兵只好回去报告。于是姬昌又派大臣去请。

姜子牙看见来的是个大臣，仍然不理睬，嘴里又念着："钓、钓、钓，大鱼不上钩，小鱼来捣乱！"

大臣无奈，也只好回去报告。姬昌一想，这个钓鱼人肯定是位大贤人，非得亲自去请才行。于是他吃了三天素，洗了澡换了衣服，带着厚礼，前往河边去请姜子牙。

姜子牙看出，姬昌的确是求贤若渴，便答应辅佐他。后来，姜子牙辅佐姬昌，增强国力，还帮助文王的儿子武王姬发灭掉了商朝，建立了周朝。他自己也被武王封于齐地，成为齐国的开国之君。

成语解释

姜太公钓鱼，愿者上钩："姜太公"，即西周初的姜尚，又称姜子牙。姜太公用直钩不挂鱼饵垂钓，让愿意上钩的鱼自己上钩。比喻不强求，寻求心甘情愿的合作者。

成语示例

我们这次寻找合作方，是"姜太公钓鱼，愿者上钩"，所有的条件都公开谈，不勉强。

大义灭亲

出自 春秋·左丘明《左传》:"大义灭亲",其是之谓乎!

成语故事

春秋时期卫国的卫庄公有三个儿子,长子姬完、次子姬晋、三子州吁。州吁最受卫庄公宠爱,养成了残忍暴戾的性格,无恶不作。

当时,卫国大夫老臣石碏(què),为人耿直,十分体恤百姓疾苦。他几次劝卫庄公管教约束州吁,但卫庄公不听。石碏的儿子石厚,时常与州吁鬼混在一起,为非作歹。石碏大怒,把石厚打了一顿,锁到屋里。石厚不肯悔改,逃出家门,仍然跟着州吁胡作非为。

卫庄公死后,长子姬完继位,称卫桓(huán)公,老臣石碏也告老还乡,不再参与朝政。再也没人管得住州吁了,他和石厚凑在一块儿,更加无法无天了。

公元前719年,州吁听从石厚的计策,杀死哥哥卫桓公,自立为国君。可是国内反对他们的人很多。州吁为了立威,就贿赂鲁、陈、蔡、宋四国去打郑国,弄得劳民伤财。当时,朝歌有民谣唱道:"一雄毙,一雄兴,歌舞变刀兵,何时见太平?"

州吁见百姓不拥戴自己,也担起心来,就问石厚怎么办。石厚也没办法,只好去问自己的父亲:"怎样才能巩固州吁的统治地位呢?"

石碏告诉他可以去陈国找陈桓公帮忙。

于是,州吁和石厚便备了许多礼物去请陈桓公。没想到两人却被陈桓公扣留了。原来,这都是石碏故意安排的。忧国忧民的石碏早想除掉这两个祸根了。

陈桓公将州吁、石厚抓住,正要斩首,群臣奏道:"石厚为石碏亲子,应慎重行事,还是请卫国自己来问罪吧!"

这时候，石碏已经把州吁的另一个兄长姬晋迎回国内，立为卫宣公。怎么处置州吁、石厚这两个人呢？卫国众臣都说："州吁首恶应杀，石厚从犯可免。"

石碏严肃地说："州吁走到这一步，跟我那不肖儿子脱不了干系。从轻发落他，难道使我徇（xùn）私情、抛大义吗？"

大臣们听了，不知道说什么才好。石碏家臣羊肩说："国老不必发怒，我去办理这件事吧！"

羊肩赶到陈国去杀石厚。石厚说："我是该死，不过将我押回卫国，见父亲一面再死好吗？"

羊肩说："我正是奉你父之命来杀你的，想见你父亲，我把你的头带回去见吧！"说完，就把石厚杀了。

这就是石碏为国大义灭亲的故事。

成语解释

大义灭亲：大义，正义，正道；亲，亲属。为了维护正义，对犯罪的亲属不加包庇，使其受到应得的惩罚。

成语示例

对于违法犯罪的行为，必须依法惩治。即便是自家人犯法，也要大义灭亲。

唇亡齿寒

出自 春秋·左丘明《左传》：谚所谓“辅车相依，唇亡齿寒”者，其虞、虢之谓也。

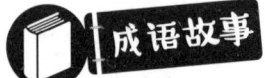

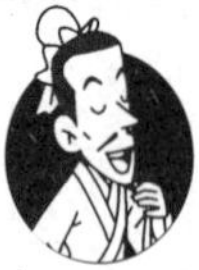

成语故事

春秋时期，晋国国力强盛，紧挨着它的虞（yú）、虢（guó）两个小国抱成一团，以求自保。

有一年，晋献公想去攻打虢国，可是讨伐虢国必须经过虞国。他就派人送了美玉和宝马给虞国国君，

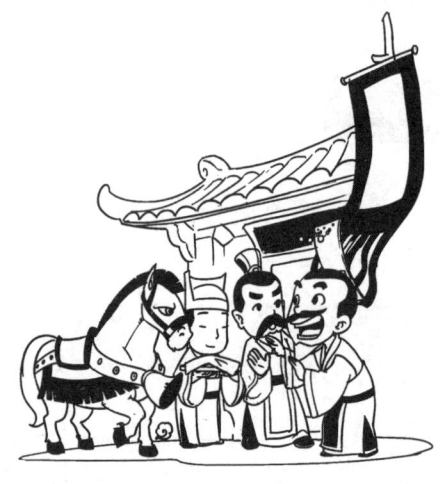

换取经过虞国的道路。虞国国君见到这两份珍贵的礼物，顿时心花怒放，听说晋国要借道虞国时，当时就满口答应下来。

虞国大夫宫之奇听说后，赶快阻止道："不行，不行，虞国和虢国是唇齿相依的近邻，我们两个小国相互依存，有事可以互相帮助，万一虢国灭了，我们虞国也就难保了。俗话说，'唇亡齿寒'，没有嘴唇，牙齿也保不住啊！借道给晋国万万使不得！"

虞公不听劝谏，答应了晋使借道的要求。晋献公当即派了兵车四百乘，精兵两万攻打虢国，占领了虢国的下阳（今山西省平陆县北）。

三年之后，晋献公又一次派人向虞国借道伐虢。虞公依然十分慷慨地答应了。

大夫宫之奇急忙又谏道："虞和虢是互为表里的关系，虢国亡了，虞国怎么能存在下去？晋国万万不可依赖！我们怎么能与贼寇一起玩乐？一次借道，已经破坏虞虢联盟，铸成了大错。岂能再错下去？过去虞虢两国结成联盟，互相帮助，紧密团结，别国才不敢轻举妄动，欺负我们。唇亡齿寒，说的不正是虞国和虢国吗？"虞公仍然不以为然，认为宫之奇太多虑了。

宫之奇连声叹气，知道虞国离灭亡的日子不远了，于是就带着一家老小离开了虞国。

果然，晋国军队借道虞国消灭了虢国后，又把亲自迎接晋军的虞公抓住，灭了虞国。

成语解释

唇亡齿寒：嘴唇没有了，牙齿就感觉寒冷。比喻双方互相依靠，荣辱与共。

成语示例

朝鲜是我国山水相连的邻邦，两国唇亡齿寒，可谓一体。

老马识途

出自 战国·韩非《韩非子》

管仲曰:"老马之智可用也。"

成语故事

春秋时代,燕国遭到山戎的进攻,向齐国求救,齐国的国君齐桓公亲自率领大军去救援。等到齐军赶到燕国,山戎的军队已带着掠夺的财物,逃到东部的孤竹国去了。齐桓公率领军队继续追击,消灭了敌人,齐军取得了胜利,并把敌人掠走的财物也夺了回来。

可是,当他们要返回齐国时,却迷了路。因为齐军来的时候是春天,山青水绿,道路容易辨认。而返回去时已是冬天,山野白雪皑皑,茫茫一片,所以,走着走着就辨不清方向了。

这时,齐桓公手下的谋士管仲说:"大王,狗、马都有辨认道路的本领。我们挑几匹老马,让它们在前边引路,就可以走出山谷了。"

齐桓公立刻让人挑选了几匹老马，放开缰绳，让它们在前面随意地走，军队跟在马的后边行进。没有多久，在老马的带领下，齐国的军队果然找到了回齐国的路。

 **成语解释**

老马识途:老马认识曾经走过的道路,形容有经验的人做事比较可靠。

 **成语示例**

老人家老马识途,经验丰富,我们应该虚心向他请教。

退避三舍

出自 春秋·左丘明《左传》：晋楚治兵，遇于中原，其避君三舍。

重耳离开齐国后，经过千辛万苦，来到楚国。楚成王钦佩重耳的才干和毅力，认为他日后必然有大作为，便以国君的礼仪迎接他，待如上宾。

一天,楚王设宴招待重耳,两人推杯换盏,谈笑风生,气氛十分融洽。忽然楚王问重耳:"你若有一天回晋国当上国君,该怎么报答我呢?"

重耳略一思索说:"美女侍从、珍宝丝绸,大王您有的是,珍禽羽毛、象牙兽皮,更是楚地的盛产,晋国哪有什么珍奇物品献给大王呢?"

楚王说:"公子过谦了,话虽然这么说,可总该对我有所表示吧?"

重耳笑笑回答道:"要是托您的福,果真能回国当政的话,我愿与贵国友好。假如有一天,晋楚之间发生战争,我一定命令军队先退避三舍,如果还不能得到您的原谅,我再与您交战。"

几年之后,重耳真的回到晋国当了国君,就是历史上有名的晋文公。晋国在他的治理下日益强大。

公元前633年,楚国和晋国的军队在作战时相遇了。晋文公重耳为了实现他许下的诺言,下令军队后退九十里，退到了城濮。楚军见晋军后退，以为对方害怕了，马上追击。晋军利用楚军骄傲轻敌的弱点，集中兵力，大破楚军，取得了城濮之战的胜利。

成语解释

退避三舍：舍，古时行军计程以三十里为一舍。主动退让九十里，比喻退让和回避，避免冲突。现在常用来比喻不与人相争或主动让步。

成语示例

面对这位脾气火暴的老前辈的责难，王科长也不敢硬顶，只能退避三舍，以求息事宁人。

> 出自 西汉·司马迁《史记》：越王勾践返国，乃苦身焦思，置胆于坐，坐卧即仰胆，饮食亦尝胆也。

南方的吴国（都城在今江苏苏州）和越国（都城在今浙江绍兴）素来不和。吴王阖闾（hé lǘ）在攻打越国的时候中了箭，临死前，嘱咐儿子夫差（chāi）一定要替他报仇。

夫差经过一番准备，再次进攻越国，打败了越军。可是他一时糊涂，没有灭掉越国，只是把越王勾践捉到了吴国，让他给自己喂马。

勾践忍着屈辱，百般讨好夫差，好像真的被打服气了一样。这样过了两年，夫差没了戒心，就放勾践回国了。

勾践回国后，发愤图强，准备复仇。他晚上枕着兵器，睡在稻草堆上，还在房子里挂上一只苦胆，每天早上起来后就尝尝苦胆，并让门外的士兵问他："你忘了当年的耻辱了吗？"这就是后人传诵的"卧薪尝胆"。

勾践派文种管理国家政事，让范蠡（lǐ）管理军事，亲自到田里与农夫一起干活儿，王后也纺线织布。勾践的这些举动感动了越国上下，经过十年的艰苦奋斗，越国终于兵精粮足，转弱为强。

再说吴王夫差自从战胜越国后，被越国送来的美女西施迷惑，过着骄奢（shē）淫逸的生活。他又狂

妄自大，听信奸臣坏话杀了忠臣伍子胥。这时的吴国，貌似强大，实际上已经是走下坡路了。

公元前482年，夫差亲自带领大军北上，与晋国争夺诸侯盟主。越王勾践趁吴国精兵在外，带领精心训练的越军突然袭击，一举打败吴军，杀了太子友。又过了几年，勾践第二次亲自带兵攻打吴国。这时的吴国已经是强弩(nǔ)之末，根本抵挡不住越国军队，屡战屡败，最后被越国灭亡了。

成语解释

卧薪尝胆：形容一个人忍辱负重，发愤图强，终能够苦尽甘来。现在常用来形容人刻苦自励，立志为国家报仇雪耻。

成语示例

失败不可怕，只要能吸取教训，卧薪尝胆，一定会有胜利的一天。

围魏救赵

出自　西汉·司马迁《史记》：君不若引兵疾走大梁，据其街路，冲其方虚，彼必释赵而自救。

成语故事

战国时期，魏国和赵国之间发生了战争，魏国大将庞涓围住了赵国都城邯郸，不停地攻打。赵军打不过魏军，就向近邻齐国求救。齐威王派了田忌做大将，孙膑做军师，领兵出发。

孙膑以前与庞涓是同学，庞涓知道孙膑精通兵法，比自己强，很是嫉妒。后来他在魏国做了大将，东征西讨打了几个胜仗，很是得意。可是一想到世上还有个孙膑比自己强，他就觉得心里不舒服。于是他把孙膑骗到魏国，推荐给魏王。可是又暗地里在魏王面前诋毁孙膑，害得孙膑受了膑刑（挖掉膝盖骨），成了瘸子。孙膑假装发疯，才保住性命，并在齐国的帮助下逃离魏国，为齐国效力。

这一次出兵，齐军士兵不够精锐，硬拼是打不过魏军的。田忌想直逼赵国邯郸，跟魏军打硬仗，孙膑制止说："要想解开缠在一起的绳结，不可以生拉硬扯，要想劝解打架的人，不能参与打架。现在魏国精兵倾国而出，若我直攻魏国，那庞涓必回师解救，这样一来邯郸之围定会自解。我们再于中途伏击庞涓归路，其军必败。"

田忌按照孙膑的计谋去做了。果然，庞涓一听齐军跑去攻打魏国了,生怕都城有失,马上离开邯郸回国救援。可没想到,半路上遭到齐军的伏击。魏国的军队长途跋涉,疲惫应战,溃不成军。齐军大胜,赵国之围也自然解除了。

这便是历史上有名的"围魏救赵"的故事。

成语解释

围魏救赵:围魏救赵是三十六计之一。齐军用进攻魏国都城的方法,迫使攻赵的魏军撤回,使赵国得救。现指袭击敌人不得不救的据点,以迫使进攻的敌人撤退的战术。

成语示例

抗日战争中,八路军常用围魏救赵的方法打败敌人。

狡兔三窟

出自 西汉·刘向《战国策》：狡兔有三窟，仅得免其死耳。

成语故事

战国时期，齐国有位孟尝君，他非常喜欢与文学家和有侠客风范的人交朋友，把他们收为门客。

据说，他家里一共养了三千个门客。

后来，有一个朋友给孟尝君介绍一个叫作冯谖（xuān）的人。孟尝君问他的朋友："这个人有什么专长呀？"

朋友想了半天说："好像也没什么专长！"

孟尝君听了之后也没有说什么，但还是把冯谖留下了。孟尝君家里门客多，按照才能的大小分成上、中、下三等，享受不同的待遇。因为冯谖没有什么专长，就只能算作下等的门客。

冯谖心里很不高兴，时常发牢骚。孟尝君听说了，就把他升为上等门客，还时常给冯谖家里送东西。冯谖不抱怨了，可成天闲着，什么事都不做，孟尝君也不跟他计较。

有一天，冯谖自告奋勇替孟尝君到封地去讨债。冯谖问孟尝君，收债之后买些什么东西回来？主人答道："你看我缺少什么就买什么好了。"

冯谖到了封地，他见欠债者都是贫苦庄户，立即以孟尝君的名义宣布债款一笔勾销，将各户的债务契约一把火烧掉了。封地的百姓都以为这是孟尝君的恩德，心里充满了感激之情。

冯谖回来后，孟尝君问他给自己买了什么东西。冯谖说："我看您家里什么都不缺，只缺'仁义'，就替您买了'仁义'回来。"

孟尝君很不高兴，可又不好翻脸，只好罢了。

后来，孟尝君被齐王罢免了官职，只好回自己的封地定居，封地百姓扶老携幼地前来迎接他，他这才体会到"仁义"的价值所在，对冯谖感激不尽。

冯谖说："这算不了什么。狡猾的兔子还知道给自己预备三个巢穴，如今您只有一'窟'，还是不能安心地睡觉。让我再给您准备两个'窟'吧。"

于是冯谖去见梁惠王，他告诉梁惠王说，如果梁惠王能请到孟尝君帮他治理国家，那么梁国一定能够变得更强盛。

梁惠王听了之后，立刻派人带着一千斤黄金、一百辆马车，去请孟尝君到梁国做相国。可是，梁国

的使者一连登门请了三次,冯谖都告诉孟尝君不要答应。

消息很快传到齐王那里,齐王急了,就赶紧派人请孟尝君回齐国当相国。同时,冯谖又给齐王提了条件,要求在孟尝君的封地薛建立宗庙,齐王答应了,孟尝君才重新回到齐国当相国。

等到封地的宗庙建好以后,冯谖就对孟尝君说:"三个安身之地都建造好了,从此以后您就可以垫高枕头,安心地睡大觉了。"

成语解释

狡兔三窟:狡猾的兔子有多处洞穴。比喻人要预备退路和应变办法,才能有效地保护自己。

成语示例

敌人虽有狡兔三窟的本领,但终究逃脱不了灭亡的命运。

完璧归赵

出自 西汉·司马迁《史记》："臣愿奉璧往使。城入赵而璧留秦；城不入，臣请完璧归赵。"

公元前283年，秦昭襄王派出使者，带着国书去赵国都城邯郸（今河北邯郸）见赵惠文王，说秦王情愿让出十五座城来换赵王收藏的一块珍贵的和氏璧。

赵惠文王就跟大臣们商量要不要答应。要是答应，就怕上秦国的当，丢了和氏璧，拿不到城；要不答应呢，又怕得罪秦国。商量到最后，决定由大臣蔺相如带着和氏璧去秦国，见机行事。

蔺相如带着和氏璧到了秦国都城咸阳。秦昭襄王得意地在宫里接见他。蔺相如把和氏璧献了上去。秦昭襄王接过璧，自己看了看，又递给身边美人和左右侍臣，让大伙儿传着看。

蔺相如站在朝堂上等了老半天,也不见秦王提换城的事。他知道秦昭襄王并不是真心拿城来换璧,于是对秦昭襄王说:"这块璧虽说挺名贵,可是也有点儿小毛病,让我来指给大王看。"

秦昭襄王信以为真,就吩咐侍从把和氏璧递给蔺相如。蔺相如拿到璧,往后退了几步,靠着宫殿上的一根大柱子,瞪着眼睛说:"我看大王并没有交换的诚意。如今璧在我手里。大王要是逼我的话,我宁可把我的脑袋和这块璧在这柱子上一同砸碎!"

说着，他真的拿着和氏璧，对着柱子做出要砸的样子。

秦昭襄王怕他真的砸坏了璧，连忙向他赔不是，说："先生别误会，我哪能说了不算呢？"命令大臣拿上地图来，把准备换给赵国的十五座城指给蔺相如看。

蔺相如可不敢相信，他说："赵王送璧到秦国来之前，斋戒了五天，还在朝堂上举行了一个很隆重的仪式。大王如果诚心换璧，也应当斋戒五天，再举行一个隆重的仪式，我才敢把璧奉上。"

秦昭襄王想，反正你也跑不了，就说："好，就这么办吧！"于是吩咐人把蔺相如送回住处去歇息。

蔺相如回到住处，叫一个随从打扮成买卖人的模样，把璧贴身藏着，偷偷地从小道跑回邯郸去了。

过了五天，秦昭襄王召集大臣们和诸国在咸阳的使臣，在朝堂举行接受和氏璧的仪式。当着秦国君臣和诸国使臣的面,蔺相如不慌不忙地对秦王说:"我怕受欺骗,丢了璧,所以提前把璧送回邯郸去了。请大王治我的罪吧。"

秦昭襄王听到这里,大发雷霆,可是现在杀了蔺相如也没用了,反而增加两国间的仇恨,便忍着气放他回邯郸去了。

成语解释

完璧归赵:完,完整无缺;璧,玉器;赵,赵国。原指蔺相如将和氏璧完好地自秦国送回赵国邯郸。后来比喻把原物完整无缺地归还本人。

成语示例

借了别人的东西,用后就应该完璧归赵,不能失信。

负荆请罪

出自 西汉·司马迁《史记》：廉颇闻之，肉袒负荆，因宾客至蔺相如门谢罪。

成语故事

廉颇是赵国的老将，资历比蔺相如深得多。可是蔺相如深受赵王信任，一再升官，反而压了廉颇一头。廉颇说："我是赵国将军，有攻城野战的大功，而蔺相如只不过靠能说会道立了点儿功，可是他的地位却在我之上，况且他本来是个平民，在他下面我难以忍受。"并且扬言说："我再遇见他，一定要当面羞辱他。"

蔺相如听说后，总是躲着廉颇，每到上朝时，常常推说有病，不愿和廉颇去争位次的先后。

有一次，蔺相如外出，远远看到廉颇，马上掉转车子回避。

他的门客看不下去，就劝他说："我们所以离开亲人来侍奉您，就是仰慕您高尚的节义呀。如今您比廉颇的官位高，廉老将军口出恶言，而您却处处躲避他，您怕得也太过分了，平庸的人尚且感到羞耻，何况您身在相位的人呢！我们这些人没出息，请让我们告辞吧！"

蔺相如回答说："诸位认为廉将军和秦王相比谁厉害？"

众人回答说："廉将军比不了秦王。"蔺相如说："以秦王的威势，而我却敢在朝堂上呵斥他，羞辱他的群臣，我蔺相如虽然无能，难道会怕廉将军吗？但是我想到，强大的秦国之所以不敢攻打赵国，就是因为有我和廉将军在呀，如今两虎相斗，势必不能共存。我之所以这样忍让，就是为了要把国家的急难摆在前面，而把个人的私怨放在后面。"

蔺相如的话传到了廉颇的耳朵里。廉颇静下心来想了想，觉得自己为了面子争一口气，就不顾国家的利益，真不应该。于是，他光着上身，背上荆条，到蔺相如府上请罪。

蔺相如见廉颇登门负荆请罪，连忙热情地出来迎接。从此以后，他俩成了好朋友，同心协力保卫赵国。

成语解释

负荆请罪：负，背着；荆，荆条。背着荆条，请对方责打自己，表示向对方请罪，形容主动向人认错、道歉。

成语示例

这件事是我做错了，今天特意登门，负荆请罪。

远交近攻

出自 西汉·刘向《战国策》：王不如远交而近攻，得寸则王之寸，得尺亦王之尺也。

成语故事

战国时代后期，齐、楚、秦、燕、赵、魏、韩七个国家争霸，其中秦国最强，想要吞并其余六国，独霸中原。

公元前270年，秦昭王准备兴兵伐齐。有一个叫范雎（jū）的大臣献上一策，阻止秦昭王伐齐。

他说："齐国势力强大，离秦国又很远，攻打齐国，部队要经过韩、魏两国。军队派少了，难以取胜；多派军队，打胜了也无法占有齐国土地。不

如与齐国和好，先攻打邻近的韩、魏，占领一块土地，就并入秦国，这样秦国的地盘就能越来越大，人口越来越多，这个办法叫'远交近攻'。"

秦昭王认为这个计策很好，就付诸行动。为了防止齐国与韩、魏结盟，秦昭王派使者主动与齐国结盟。

从那往后，秦国坚持"远交近攻"的策略，远交齐、楚，一步步蚕食韩、魏的土地，壮大了自己，对六国取得了压倒性优势，到秦王嬴政在位时，终于消灭了六国，建立了秦朝。

成语解释

远交近攻：和远方的国家交朋友，进攻邻近的国家。原指外交策略，后来也指待人处世的手段。

成语示例

远交近攻的外交策略，要根据具体情况实施。

成语闯关小游戏
四格成语

★ **游戏方法** ★

在空格中填入汉字，使每一行都能组成一个含有"山"的成语。

			山
		山	
	山		
山			

提示：万水千山 海誓山盟 千山万水 山穷水尽
       漫山遍野 人山人海 移山填海 山珍海味

毛遂自荐

出自 西汉·司马迁《史记》：门下有毛遂者，前，自赞于平原君曰："……"

成语故事

战国时，有一次，秦军包围了赵国都城邯郸。

赵国的平原君赵胜，奉命去楚国求救兵。出发前，平原君打算带上二十个文武全才的门客作为帮手，可挑来挑去，最后还缺一个人。

这时，有一个叫毛遂（suì）的门客走上前来，向平原君自我推荐说："听说您要与门客二十人一同前往楚国，现在还少一个人，希望先生就以毛遂凑足人数出发吧！"

平原君说："先生在我门下几年了？"

毛遂说："三年了。"

平原君说："贤能的人身在世上，好比锥子处在囊中，它的尖立即就会显现出来。现在，你到我赵胜门下已经三年了，左右的人对你没有称道，我也没听到对你的赞语，先生恐怕没有什么值得称赞的才能。所以先生不能一道前往，请留下！"

毛遂说："如果我早就处在囊中的话，就会像锥子那样，整个锋芒都会露出来，不仅是尖端露出来而已。今天，就让我进到囊中吧。"平原君终于同意让毛遂一道前往。

到了楚国，楚王只接见平原君一个人，毛遂和别的门客只能在外面干等。楚王和平原君从早晨谈到中午，还没有结果。毛遂大步跨上台阶，远远地大声叫起来："出兵的事，非利即害，非害即利，简单而又明白，为何议而不决？"

楚王非常恼火，问平原君："此人是谁？"

平原君答道："此人名叫毛遂，是我的门客！"

楚王喝道："赶快下去！我和你主人说话，你来干吗？"

毛遂不但不退下,反而又走上几级台阶。他手按宝剑,说:"现在,十步之内,大王性命在我手中!"

楚王见毛遂那么勇敢,没有再呵斥他,就让毛遂讲话。毛遂就把救援赵国有利楚国的道理,做了精辟的分析。楚王心悦诚服,答应马上出兵。不几天,楚、魏等国联合出兵援赵。秦军很快撤退了。

平原君回赵后,待毛遂为上宾。他很感叹地说:"先生一到楚国,楚王就不敢小看赵国了。"

"脱颖而出""毛遂自荐"两个成语都是从这个典故中来的。

成语解释

毛遂自荐：比喻自告奋勇，自我推荐去做某项工作。

成语示例

这份工作是我毛遂自荐获得的。

图穷匕见

出自 西汉·刘向《战国策》：轲既取图奉之，发图，图穷而匕首见。

成语故事

战国末期，秦国实力强盛，攻灭了韩、赵两国后，又向燕国进军。为此，燕太子丹决定派人去行刺秦王，以期扭转局势。

太子丹物色到一位勇士，名叫荆轲。他擅长剑术，是行刺秦王的最好人选。为了使荆轲能接近秦王，特地为他准备了两样秦王急于获得的东西：一是从秦国叛逃到燕国的将领樊於期的头颅，二是燕国督亢地区（燕国富庶之地）的地图，表示燕国愿将这块地献给秦国。他还花费重金，收购了一把极为锋利的匕首，匕首上淬了毒。无论谁只要被这把匕首刺出一个小伤口，就会立刻毒发身亡。这把匕首就藏在卷着的地图的最里面。

临行时，太子丹等身穿丧服，将荆轲送到易水边。

秦王得知燕国派人来献两样他最需要的东西，很是高兴，就在都城咸阳宫内隆重接见他们。荆轲捧着装有樊於期头颅的匣子走在前面，他的副手秦舞阳捧着装有地图的匣子跟在后面。

没想到，秦舞阳过于紧张，在上台阶时身子抖了起来，走不动路了。荆轲赶紧解释说："这个人从小地方来，没见过世面，被大王的威严吓坏了。"说着接过秦舞阳手里装有地图的匣子，呈给了秦王。

秦王慢慢展开卷着的地图，细细观看。眼看地图就要完全打开，里面的匕首露出来了，荆轲猛地冲上前，一只手抓住秦王的袍袖，另一只手抓起匕首，向秦王胸前刺去。

秦王吓得一激灵，使劲挣了一下，匕首没有刺中。秦王急忙逃开，想要拔出随身佩带的剑来自卫，可是剑太长，一着急竟然拔不出来，只好往柱子后头躲。

荆轲追上去，两人绕着柱子转了起来，卫兵和大臣都来不及过去救援。

危急之时，有个大臣提醒秦王："大王把剑背在背上，就能拔出来了！"

秦王一听，马上照着做，终于把剑拔出来了，他挥剑砍断了荆轲的左腿。荆轲倒地后，忍痛将匕首投向秦王。结果又未击中，荆轲也立刻被一拥而上的卫兵杀死。

成语解释

图穷匕见（xiàn）：穷，尽；匕，匕首、短剑。比喻到最后露出事物的真相或本来的目的。

成语示例

虚情假意的人终究会图穷匕见，露出本来的面目。

指鹿为马

出自 西汉·司马迁《史记》：高自知权重，乃献鹿，谓之马。二世问左右："此乃鹿也？"左右皆曰"马也"。

成语故事

秦始皇死后，大臣赵高和李斯勾结起来，隐瞒了他的死讯，还假传他的旨意，迫使他的大儿子、本应继承皇位的公子扶苏自杀，把他的小儿子胡亥推上了皇位，胡亥就是秦二世。这以后没多久，赵高又陷害李斯，把李斯也罢了官、砍了头，自己独揽大权，重要的职位都安插了自己的亲信。

赵高的权势大得没了边儿，再想高升一步，就只能当皇帝了。可他知道自己出身低微，大臣都不服他。为了测试各个官员对他的态度，一天，赵高拉来一头鹿，当着众大臣的面对胡亥说："陛下，这匹好马

是臣费了好大力气找到的,很是难得,您收下吧!"

胡亥一看,明明是一头鹿,就笑着说:"丞相搞错了吧,你拉来的是一头鹿啊,怎么说是好马?"

这时候,赵高的亲信都纷纷开口,说丞相找来的马的确是匹好马,是真正的千里马。而一些正直的大臣不肯附和赵高的话,说这分明是一头鹿,不是马,还是皇帝说得对。还有一些人缩着头不说话。赵高把这些人的言论、表情都记下来,准备秋后算账。

没过多久，那些说真话的大臣陆续都被赵高设计治罪，朝堂上只留下赵高的亲信和顺从他的人，秦二世被架空了。这就是成语"指鹿为马"的来历。

成语解释

指鹿为马：指着鹿，说是马。比喻故意颠倒黑白，混淆是非。

成语示例

对于那些指鹿为马的人，我们千万要保持警惕。

破釜沉舟

出自 西汉·司马迁《史记》：项羽乃悉引兵渡河，皆沉船，破釜甑，烧庐舍，持三日粮，以示士卒必死，无一还心。

成语故事

秦朝末年，秦朝大将章邯、王离带领秦军攻打赵国邯郸，赵国抵挡不住，就向南方的楚怀王求救，楚怀王派了大将军宋义率军援救，大将项羽给宋义当副手。

宋义畏惧秦军，不敢交锋，带领楚军慢慢往前走，任凭赵国的使者怎么哀求，他也不肯加快脚步。眼看邯郸那边已经支持不住了，他的副手项羽着起急来。项羽在楚军中的威信很高，他干脆横下一条心，杀了宋义夺了兵权。

项羽掌握了指挥权后，楚军很快就推进到漳河边的巨鹿一带。楚军的兵力比秦军少很多，可是项羽考虑到战局已经很危险，不能再瞻前顾后，于是下令渡过漳河，与秦军决战。他还下令在全军渡河后把船只弄沉，把锅碗全部砸破，只带上三天的干粮，以此向士卒表示一定要决死战斗。

楚军气势如虹，先是跟王离带领的秦军交战，经过激烈的战斗打败了他，把他的残部包围起来。随后又与章邯带领的秦军主力激战，杀死了另一名秦军大将苏角，俘虏了王离，秦军溃败了。

成语解释

破釜（fǔ）沉舟：釜，煮饭用的一种锅；舟，船。打破饭锅，凿沉渡船，比喻不留后路，决一死战。

成语示例

战士们以破釜沉舟的勇气杀向敌阵。

一败涂地

出自 西汉·司马迁《史记》：天下方扰，诸侯并起，今置将不善，一败涂地。

成语故事

秦朝末年，有许多人起来反抗秦朝的暴政，刘邦是其中一个。他是沛县的泗水亭长，跟现在的乡长差不多。

这一天，沛县县令叫来刘邦，要他押送一批民夫到骊山做苦工。刘邦推托不过，只好领着这些人出发了。可是秦朝的劳役一向很重，许多人都累死了，回不了家乡。走到半路上，那些民夫就络绎不绝地逃走。刘邦睁只眼闭只眼的，也不去追捕。

民夫逃走的越来越多，刘邦一看，不等到骊山，民夫就一定会逃光，自己免不了要被治罪。他想来想去，索性把没有逃跑的人都释放了。有些民夫不愿意逃走,觉得刘邦是个有担当的人,愿意跟着他,刘邦就带着他们躲到了山里。

秦二世元年,陈胜、吴广在大泽乡起兵反秦,声势很大。沛县县令想归附他,手下人萧何和曹参就跟他说:"你是秦朝县令,现在背叛秦朝,名不正言不顺的,最好把刘邦召回来,他在地方上有威信,有他在,沛县就太平了。"

沛县县令立即叫樊哙(fán kuài)去请刘邦,刘

邦就领着手下人回到了沛县。可是县令见他手下人多，又怕他不听自己的，下令关紧城门，不让刘邦进城。可是他哪里挡得住刘邦，刘邦振臂一呼，城里的人就杀了县令，打开城门，迎接刘邦进沛县。

县令死了，谁来管理沛县呢？父老们请刘邦来当头儿，刘邦谦让说："天下形势很紧张，假若县令的人选安排不当，就会'一败涂地'，请你们另外推选别人吧！"可是在父老们坚持下，刘邦还是当了县令，称作沛公。

成语解释

一败涂地：一旦失败，脑浆就会撒在地上。形容失败后局势不可收拾。

成语示例

他盲目骄傲，过于轻敌，上了战场便一败涂地。

约法三章

出自 西汉·司马迁《史记》
与父老约法三章耳：杀人者死，伤人及盗抵罪。

成语故事

沛公刘邦和项羽都算是楚怀王的手下，项羽是贵族出身，名气大，手下兵也多，刘邦出身贫寒，兵也少。可是楚怀王觉得项羽脾气暴烈，不喜欢他，反倒

觉得刘邦年纪比较大,看上去比较稳重。他就派项羽北上去和秦军主力作战,派刘邦往西面打秦国都城咸阳,还说谁先打进咸阳,谁就可以称王。

结果,刘邦的运气不错,首先打进了咸阳。刘邦进了城,先去皇宫。他没享受过荣华富贵,这回进了皇宫,见到宫里富丽豪华,美女如云,想要好好享受一下,于是赖在宫中饮酒作乐不愿离开。

张良这时候正在刘邦手下效力,他知道了很是忧心,极力劝说,讲明秦朝即因荒淫无道而亡,若刘邦进宫作乐,就会重蹈秦朝覆辙,早晚以失败告终。

刘邦这才觉悟过来。他召集了邻近各地有威望的长者、豪杰说:"父老忍受秦朝严厉苛刻的刑法很久了!我和诸侯及楚怀王约定,谁先入关谁就可以称王。现在,我同父老们约定三法:杀人者处死刑;伤人和盗窃按情节轻重治罪;秦朝的苛法一律废除。官民均可安居乐业了。"

这个"约法三章"正对老百姓的心思，经过那些长者、豪杰的宣传，当地的民心渐渐归附刘邦了。

成语解释

约法三章：凡事先讲定规则，要大家共同遵守。

成语示例

做什么事都要约法三章，才可能把事情做好。

项庄舞剑，意在沛公

出自 西汉·司马迁《史记》

良曰："甚急。今者项庄拔剑舞，其意常在沛公也。"

成语故事

刘邦先打进了咸阳，按约定该称王。可是项羽兵强马壮，他领着大军到了鸿门（在今陕西临潼东北），刘邦哪里还敢称王，他在谋士张良的陪同下，到鸿门拜见项羽。

项羽见刘邦态度谦恭，就不再怀疑他，并设宴款待刘邦。项羽的谋士范增、项伯等也一起参加。

范增早就主张杀掉刘邦，免得留下后患。席间，他屡次向项羽暗示杀刘邦，但项羽不予理睬。于是他离席，把项羽的堂兄项庄叫来说："大王心慈手软，你进去敬酒，请求舞剑助兴，趁机杀了沛公。"

项庄依计行事，敬酒完毕对项羽说："大王与沛

公饮酒，军中没有什么娱乐，请让我舞剑助兴。"

项羽说"好"，于是项庄拔出剑在席前起舞，想要伺机刺死刘邦。可是项羽的叔叔项伯受了张良的嘱托保护刘邦，他一看苗头不对，也拔剑与项庄对舞，用自己的身体掩护刘邦，使项庄无从下手。

项庄没能杀掉刘邦。张良找来了刘邦的部将樊哙，张良对樊哙说："现在情况非常危急。此刻项庄表面上是舞剑助兴，其实真正的用意是要杀掉沛公！"

樊哙激动地说，既然如此，由他进去与对方拼命。

他强行进入营帐，怒视项羽，头发直竖，眼眶睁得像裂开似的。项羽不仅没有发怒，反而挺喜欢这个粗犷的汉子，赐了酒肉给他吃喝。樊哙也不推辞，一边吃喝一边指责项羽听信谗(chán)言，做事不公道，说得项羽都不好意思起来。刘邦趁机找个借口离席，逃回了自己的军营。

成语解释

项庄舞剑，意在沛公：比喻说话做事别有用心。

成语示例

他的这番讲话别有所指，项庄舞剑，意在沛公。

胯下之辱

出自 西汉·司马迁《史记》：于是信孰视之，俯出袴（kù）下，蒲伏。一市人皆笑信，以为怯。

成语故事

刘邦手下的大将韩信，后来被封为淮阴侯。他出身贫寒，父母死得早，家里连温饱都不能维持。可他不去谋生，出门总喜欢带刀佩剑，这副做派让很多人看不惯。

当地有一群混混儿，觉得韩信看上去很好欺负，就想当众羞辱韩信。

其中一个屠夫对韩信说："你虽然长得又高又大，喜欢带刀佩剑，其实你是个胆小鬼。有本事的话，你敢用你的佩剑来刺我吗？如果不敢，就从我的裤裆下钻过去！"

说完，他便把两腿叉开，以挑衅的目光看着韩信。

韩信盯着屠夫看了一会儿，一咬牙，便伏在地上，当着许多围观人的面，从那个屠夫的裤裆下钻了过去，引来众人一阵哄笑。大家都说这个韩信太没出息了，亏他还好意思带着剑。

没过几年，天下大乱，韩信的机会就来了。他先是给项羽效力，项羽不大重视他。于是他就投奔了刘邦。刘邦也不拿他当回事。可是，刘邦的丞相萧何却独具慧眼，认为韩信正是刘邦最缺乏的大将之才。萧何三次将韩信举荐给汉王刘邦，刘邦拜韩信为大将，

给他兵马,让他独当一面。韩信不负厚望,先后攻灭赵、齐等国,最后又在垓(gāi)下(在今安徽灵璧东南)消灭了项羽的主力,为刘邦平定天下立下了汗马功劳。

传说,韩信富贵之后专门找到了那个屠夫。屠夫很是害怕,以为韩信要杀他报仇,没想到韩信却善待屠夫,并封他为护军卫。他对屠夫说,没有当年的"胯下之辱",哪来今天的韩信啊!

成语解释

胯下之辱:胯下,即两腿之间。指受人污辱,被迫钻人裤裆。

成语示例

胯下之辱激励我们知耻后勇、奋发图强。

背水一战

出自 西汉·司马迁《史记》：信乃使万人先行，出，背水阵。赵军望见而大笑。

成语故事

公元前204年，汉王刘邦派出大将韩信和张耳，率领汉军去攻打赵国。赵王和赵军统帅陈余率领二十万兵马，集结在井陉（xíng），准备迎战。

赵国谋士李左车向陈余献计说："我有个主意，井陉口这个地方两旁有山，道路狭窄，车马很难通过。我们派三万人抄后路截断他们的粮车，你统率大军正面阻击汉军，把城墙垒得高高的，不与汉军交战。这样一来，汉军前进不得，后退不能，又无粮草，成了瓮（wèng）中之鳖（biē）。我看不出十天，我们就可以捉住韩信。"但是，李左车的意见没有被采纳。

韩信知道李左车的计策没有被采用，十分高兴。

他把兵马集结在离井陉口三十余里的地方。到了后半夜，韩信派两千名轻骑兵，每人带一面汉军红旗，从小路迂回到赵营的侧后方，埋伏起来。命令他们待赵军倾巢而出时，突袭赵军大营，拔去赵军旗帜，全部插上汉军的红旗。韩信又派一万人马作为先头部队，沿着河岸摆开阵势。

陈余等人看见韩信把兵马安置于背水之处，大笑他是傻瓜，不懂用兵，便率领赵兵全力迎战。

汉军的两千轻骑兵见赵军全营出动，只留下一个

空营，立即闯进赵营，拔掉赵旗，换上汉旗。韩信则假装败退，向河岸阵地退去。

赵军追到汉军靠河阵地，汉军后无退路，只能向前拼命厮杀。而赵军久战不胜，士气开始低落，想要返回自己的营地休整时，却发现自己的营地上飘扬着汉军的旗帜，顿时军心大乱，纷纷溃逃。汉军乘机前后夹攻，大破赵军。

成语解释

背水一战：背对河水摆下阵势，决死作战。后来指处于绝境之中，为求出路而决一死战。

成语示例

抗日战争时期，八路军、新四军以背水一战的精神，与日寇血战到底。

四面楚歌

出自 西汉·司马迁《史记》：夜闻汉军四面皆楚歌，项王乃大惊曰："汉皆已得楚乎？是何楚人之多也！"

成语故事

刘邦和项羽打来打去，两方都打得筋疲力尽，就决定议和。他们约定以鸿沟（在今河南荥阳）作为界限，互不侵犯。议和以后，项羽就放心地领兵回自己的都城彭城，可是刘邦方面却没有罢休。刘邦听了张良和另一个谋士陈平的计谋，决定不理睬和约，趁项羽士卒疲惫的时候消灭他。他把韩信、彭越、刘贾几支兵力合在一起，追击正在向东开往彭城的项羽部队。汉军在韩信的指挥下，布成一张大网，把项羽紧紧围在垓下。

这时，项羽手下的兵士已经很少，粮食又没有了。

到了夜里,他睡不着觉,模模糊糊听到远处有歌声传来。走出大帐,才听清楚原来是汉军的营地里有人唱歌,唱的都是楚地的民歌。项羽的脑子一转,心里想:汉军里怎么会有这么多楚人?难道楚地都被刘邦占领了?要是这样的话,那我还有什么指望啊?

这么一想,他便丧失了斗志,在营帐里面喝起闷酒来。下边的将士们也都听到了外边的楚歌,又看到自己的大王自暴自弃的样子,很多人离开营地投奔汉军了。其实,汉军里虽然有一些楚人,可并没有项羽

想象的那么多,这"四面楚歌"是韩信为了动摇项羽军队的士气而设的一计。

项羽喝完了闷酒,和爱妻虞姬诀别,骑上马,带了仅剩的八百名骑兵突围逃走,走到乌江这个地方自刎而死。

成语解释

四面楚歌:比喻陷入四面受敌、孤立无援的境地。

成语示例

这个人一向霸道,到处树敌,等到落了难的时候,难免四面楚歌,走投无路。

成语闯关小游戏
数字成语

★ 游戏方法 ★

参照下例,另组一组首字从一到万的数字成语:

一字之师、二竖为虐、三足鼎立、四时八节、五体投地、六神无主、七擒七纵、八仙过海、九鼎大吕、十恶不赦、百步穿杨、千钧一发、万人空巷。

_____

_____

_____

成也萧何，败也萧何

出自 明·冯梦龙《古今小说》：成也萧何，败也萧何，某心上至今不平。

成语故事

韩信刚投靠刘邦时，刘邦不大看得起他，只让他做了个管粮仓的小吏。只有萧何知道他的本事，屡次向刘邦举荐，可刘邦没听萧何的。韩信心灰意冷，就在一天夜里离开了汉营。

萧何知道了，心急如焚，骑上马借着月光去追赶，费了好大力气才追回韩信。这就是历史上有名的"萧何月下追韩信"。经过这件事，刘邦才认真考虑萧何的举

荐，答应与韩信见面。他们二人畅谈了一番，刘邦认定韩信就是他最理想的大将，便正式封韩信为汉军大将。

刘邦夺取天下，当上皇帝以后，思想有些转变，生怕在自己百年之后，功臣们起来谋反。他认为在诸位将领中，功劳最大、能力最强的韩信是最危险的，可是没找到杀他的借口，只好先将他的爵位从楚王降为淮阴侯。

这么一来，韩信就真的起了反心。他私下里与赵国相陈豨相约，陈豨在北方举事反叛，他在长安响应。

公元前197年（汉高祖十年），陈豨果然举兵反叛。刘邦亲自带兵平叛，长安空虚。韩信准备在长安举事，不料走漏了消息，有人向吕后告发韩信准备谋反。吕后想把韩信召进宫来，又怕他不肯就范，就同萧何商议。最后，由萧何出面，把韩信骗进宫。

韩信哪里想到，极力举荐自己，而且一向关系密切的萧何,会是杀害自己的主谋。结果,韩信刚入宫门,就被事先埋伏好的武士一拥而上,捆绑起来杀了。

韩信因为萧何得以拜将、建功立业,又因为上了萧何的当被杀,后人便说这是"成也萧何,败也萧何"。

成语解释

成也萧何,败也萧何:人们用这个成语来比喻事情的成败、好坏,都由一个人造成。

成语示例

世界杯上,法国队因为齐达内的出色表现,一路杀入决赛,但决赛中却因为他的不冷静,使自己被红牌罚下,最终导致法国失去冠军,真可以说是"成也萧何,败也萧何"。

不寒而栗

出自 西汉·司马迁《史记》：郡中不寒而栗，猾民佐吏为治。

成语故事

西汉武帝的时候，有个名叫义纵的人，年轻时在家乡就有一些不法行为。可是他有个好姐姐，叫义姁（xǔ）。义姁懂医术，因为医好了太后的病，太后很喜欢她，就让汉武帝给她弟弟义纵弄个官做。义纵就这样当了官。

义纵仗着有皇帝撑腰，不怕得罪有权有势的人，而且心狠手黑，人们都说他是"酷吏"。可汉武帝就喜欢这样的人，不断升他的官，让他当上了南阳太守。

南阳有一个叫宁成的地方官，也是一个酷吏。他利用手中的权力横行霸道，当地人说："宁肯看到哺乳的母虎，也不要遇到宁成发怒。"宁成听说义纵来当太守，生怕他把那些酷烈的手段用在自己身上，就小心谨慎地巴结义纵，可义纵根本不搭理他。

义纵派人调查宁成的家族，凡是查到有罪的，就统统杀掉。随后牵连到另外几个豪族，孔家、暴家几个触犯法律的家族吓得逃离了南阳。

后来，汉武帝又调义纵到山西北部的定襄当太守，那里社会秩序很乱。义纵一到定襄，就将监狱中两百多个重罪轻判的犯人重新判处死刑，同时，将两百多个私自来监狱探望这些犯人的家属抓了起来，说他们想要为犯人开脱罪行，也一起判处死刑。一下子杀了

四百多人,消息传出去后,当地人都吓坏了,尽管天气不冷,可大伙儿还是浑身发抖。

义纵做官还算廉洁,可是手段简单粗暴,杀人太多,得罪的人数不清。后来汉武帝不那么宠信他了,他很快就被政敌斗垮,丢了性命。

成语解释

不寒而栗:虽然天气不冷,却浑身发抖,意指因恐惧而发抖。

成语示例

站在峰顶,俯视华山险峻的群峰,给人一种不寒而栗的感觉。

夜郎自大

出自 西汉·司马迁《史记》：滇王与汉使者言曰："汉孰与我大？"及夜郎侯亦然。

成语故事

汉朝初年，今天的云南、贵州一带有不少小国家，比较大的是滇国和夜郎国。这两个国家位于群山包围之中，因为大山里消息闭塞，这里的人不知道山外的世界有多大。滇王觉得周围的国家都比自己国家小，滇国想必是全天下最大的国家了。

正好有一个汉朝使者到这里来，他就问汉朝使者："汉朝和我的国家比起来哪个大？"

使者听了很惊讶，他没想到这个小国竟然无知地自以为能与汉朝相比。

后来，他又到了夜郎国，夜郎王也问他同样的问题。这个使者哭笑不得，只好耐心地告诉国王，大山外边的世界极其广大，而汉朝疆域的辽阔更是无法想象的。

使者回到长安以后，把这些情况向汉武帝做了汇报，汉武帝派了官吏到西南各地，建立地方政府，还册封了滇和夜郎两个小国的国王。史学家司马迁把这件事写进了《史记》，"夜郎自大"这个典故也为人熟知了。

成语解释

夜郎自大：比喻骄傲无知、肤浅自负的自大行为。

成语示例

天外有天，人外有人，夜郎自大的行为是十分可笑的。

励精图治

出自 东汉·班固《汉书》：宣帝始亲万机，厉精为治，练群臣，核名实。而相总领众职，甚称上意。

成语故事

汉宣帝刚刚即位的时候，朝政大权依然掌握在大臣霍光手里。满朝上下都是霍光的人，汉宣帝什么也做不了。虽然霍光对皇帝还算恭敬，可是霍家的势力太大了，汉宣帝很有意见。公元前68年，霍光病死，大臣魏相就建议汉宣帝采取措施，削弱霍家的势力。霍家的人听说了，想要假借太后命令，先杀魏相，然后废掉汉宣帝。汉宣帝得到消息后，果断地采取行动，先发制人，铲除了霍家。

从此以后,汉宣帝亲自处理朝政,振作精神,力图把国家治理得繁荣富强。他直接听取群臣意见,严格考察和要求各级官员,还降低盐价,提倡节约,鼓励发展农业生产。汉宣帝少年时代曾在民间生活,了解中下层人民的疾苦,实行的政策比较切合实际。他在位期间国家安定,农业生产有所发展,出现了难得的中兴局面。

成语解释

励精图治:励,奋勉;图,谋求,设法;治,治理。意思是振奋精神,努力把国家治理好。

成语示例

要想治理好国家,必须依靠人民,励精图治才行。

不入虎穴，焉得虎子

出自 南朝·范晔《后汉书》

超曰：不入虎穴，不得虎子。当今之计，独有因夜以火攻虏，使彼不知我多少，必大震怖，可殄（tiǎn）尽也。

成语故事

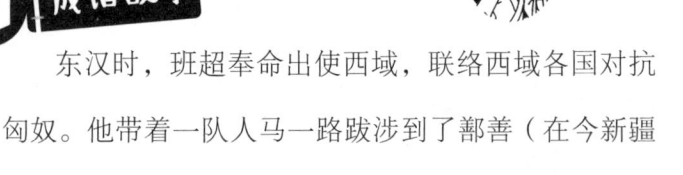

东汉时，班超奉命出使西域，联络西域各国对抗匈奴。他带着一队人马一路跋涉到了鄯善（在今新疆罗布泊附近）。

鄯善王听说汉朝使者来了，亲自出城迎候，把班超一行奉为上宾。可是过了几天，班超发觉，鄯善人对待自己这些人的态度有了变化，礼节上没那么恭敬了，态度没那么热情了。他悄悄探听了消息：原来是匈奴使者来了。鄯善人被匈奴欺负怕了，自然不敢再和汉朝使者亲近。

班超就去求见鄯善王,鄯善王不肯见他。班超知道事情不妙,立刻召集随行的三十六位勇士,他对大家说:"只有除掉匈奴使者,才能消除主人的疑虑,让两国重新和好。"

这是一个极为冒险的行动,可谓九死一生,班超鼓励大家说:"如果不深入老虎的巢穴,怎能捉得到虎崽子!"勇士们纷纷称是。

这天深夜,班超带了士兵潜到匈奴营地。他们兵

分两路，一路拿着战鼓躲在营地后面，一路手执弓箭刀枪埋伏在营地两旁。他们一面放火烧帐篷，一面击鼓呐喊。匈奴人大乱，结果全被大火烧死、乱箭射死。

匈奴使者死了，鄯善只能依附汉朝了。鄯善王又改变了态度，和汉朝言归于好。

成语解释

不入虎穴，焉得虎子：不进入老虎的巢穴，怎么能捉到小老虎呢？比喻不冒危险，就难以成事。

成语示例

"不入虎穴，焉得虎子"，八路军勇于深入敌后，到敌占区打击敌人，为抗战胜利做出了贡献。

三顾茅庐

出自 三国·诸葛亮《出师表》：臣本布衣，躬耕于南阳，苟全性命于乱世，不求闻达于诸侯。先帝不以臣卑鄙，猥自枉屈，三顾臣于草庐之中。

成语故事

东汉末年，天下动荡，军阀之间战争不断。弱小的刘备被曹操打败。他虽然有雄心壮志，身边也有能征善战的将领，可是缺少精通战略的军师型人才，以至于一再失利，最后只得南下荆州投靠刘表，在新野驻守。

这时，他听说当地的卧龙岗有个奇才叫诸葛亮，有"卧龙"之称，就亲自去诸葛亮居住的茅庐求见。谁知诸葛亮刚好出去了，说不准什么时候回来。刘备只好回去了。

过了几天,急不可耐的刘备又叫上关羽、张飞,冒着大雪来到诸葛亮的家,结果只见到了诸葛亮的弟弟。他告诉刘备,哥哥被朋友邀走了。刘备非常失望,只好留下一封信,说渴望得到诸葛亮的帮助,平定天下。

转眼过了新年,刘备选了个好日子,又一次来到卧龙岗。这次,诸葛亮正好在睡觉。刘备让关羽、张飞在门外等候,自己在台阶下静静地站着。

过了很长时间,诸葛亮才醒来,把刘备请进家里。

刘备便向他请教平定天下的办法。诸葛亮给刘备分析了天下的形势,建议他占住荆州,向西川发展,和北方的曹操、江东的孙权形成三足鼎立之势,然后伺机统一天下。

刘备一听,非常佩服,请求他出山相助。诸葛亮被刘备的诚意打动,就答应了。

成语解释

三顾茅庐:顾,拜访;茅庐,草屋。原为汉末刘备三次登门请诸葛亮出山的故事,现比喻真心诚意,一再邀请。

成语示例

对于急需的人才,三顾茅庐也要请来。

万事俱备，只欠东风

出自 明·罗贯中《三国演义》：孔明索纸笔，屏退左右，密书十六字曰："欲破曹公，宜用火攻；万事俱备，只欠东风。"

成语故事

东汉末年，曹操在统一了北方之后，亲率大军南下，屯驻长江边的赤壁，企图消灭刘备与孙权两个割据势力。

为了抵抗曹操,诸葛亮代表刘备一方出使东吴,促成了孙刘两家联盟。孙权派出大将周瑜,指挥东吴水军与曹操的军队对峙,但两方兵力对比悬殊。在这种情况下,周瑜和诸葛亮都认为只能用火攻烧毁曹军的战船。周瑜接连施展计谋,除掉了曹操手下善于水战的将领,派庞统去劝说曹操,将战船连在一块儿,又派出黄盖去诈降。

这些准备工作都做完了,周瑜才发现自己忽略了一个致命的细节——风。当地盛行西北风,可是周瑜计划的火攻却需要东风。他愁得吃不下饭,睡不着觉。正好诸葛亮来访,他看出了周瑜的心事。诸葛亮让人找来纸笔,写下十六个字:"欲破曹公,宜用火攻;万事俱备,只欠东风。"

意思是周瑜定计火攻曹操,做好了一切准备,忽然想起不刮东风无法胜敌。

成语解释

万事俱备,只欠东风:所有的事情都已经安排好了,只差最后一个环节。

成语示例

我们现在是万事俱备,只欠东风,只要命令一下,马上就可以开工了。

草木皆兵 > 87

草木皆兵

出自 唐·房玄龄等《晋书》：坚与苻融登城而望王师，见布阵齐整，将士精锐；又北望八公山上草木，皆类人形。

成语故事

东晋时代，秦王苻坚扫平了中国北方后，征调各族士兵九十万，攻打江南的晋朝。晋军大将谢石、谢玄领兵八万前去抵抗。苻坚得知晋军兵力不足，就想以多胜少，抓住机会，迅速出击。

谁料在寿春一带，秦军先锋部队被晋军意外击败，损失很大。晋军一直推进到淝水东岸，驻扎在八公山边，与秦军隔淝水对峙。

这时候秦军士气不振，苻坚也认识到自己低估了晋军的实力，心里七上八下的。他登上寿春城头，亲自观察淝水对岸晋军的动静。当时正是隆冬时节，又是阴天，淝水上空灰蒙蒙的一片。苻坚在城楼上一眼望去，只见对岸晋军一座座的营帐排列得整整齐齐，手持刀枪的晋兵来往巡逻，阵容严整威武。再往远处看，对面八公山上，隐隐约约不知道有多少晋兵。

其实，八公山上并没有晋军驻扎，不过苻坚心里害怕，把八公山上的草木都看成晋军了。随着一阵西北风呼啸而过，山上晃动的草木，就像无数士兵在走动。苻坚顿时面如土色，惊恐地回过头来对苻融说：

"晋兵是一支劲敌,怎么能说它是弱兵呢?"

在随后的淝水之战中,士气低落的秦军在晋军的攻击下大败。

成语解释

草木皆兵:把晃动的草木看成士兵。形容人恐惧到极点。

成语示例

敌人吓得魂飞魄散,草木皆兵,抱头逃跑了。

黄袍加身

出自 元·脱脱等《宋史》：有以黄衣加太祖身，众皆罗拜，呼万岁，即掖太祖乘马。

成语故事

五代末年，后周小皇帝柴宗训在位，传闻北方的契丹发兵来犯，宰相范质、王溥忙命殿前都点检赵匡胤率军迎敌。

赵匡胤立刻调兵遣将，率军出发。当天晚上，大军到了离京城二十里的陈桥驿，扎营休息。一些将领开始密谋："现在皇上年纪那么小，我们拼死拼活去打仗，将来有谁知道我们的功劳，倒不如现在就拥护赵点检做皇帝吧！大家都做开国功臣，多美！"

在他们的鼓动下，将士们都聚集到赵匡胤住的驿馆，高声叫嚷："请点检做皇帝！"

赵匡胤赶快起床,还没来得及推辞,几个人把早已准备好的一件黄袍,七手八脚地披在他身上。大伙儿跪倒在地,连连磕头,高呼"万岁"。

赵匡胤半推半就披上了黄袍,对大家说道:"你们既然立我做天子,我的命令,你们都能听从吗?"

将士们齐声回答说:"自然听陛下命令!"

于是,赵匡胤下令:"保护好周朝太后和幼主,不许侵犯朝廷大臣,不准抢掠国家仓库。执行命令的将有重赏,否则就要严办!"

由于赵匡胤严格约束军纪,这次政变没怎么流血,小皇帝柴宗训也乖乖地让了位。赵匡胤随即称帝,立国号为宋,他就是宋太祖。

成语解释

黄袍加身:把象征皇权的黄袍披在身上,比喻政变获得成功。

成语示例

袁世凯当了总统仍不满足,竟然黄袍加身,悍然称帝,自然会遭到全国人民的反对。